靈石縣委史志研究室編　趙旭俊主編

萬曆

靈石縣志

山西出版傳媒集團
三晉出版社

靈石縣志

靈石縣史志研究室 編 [illegible]

山西出版傳媒集團 · 三晉出版社

靈石縣舊志保護整理委員會

主　任　郝　軍　許建雄

副主任　張學斌

委　員　趙旭俊　曹　華　王　利
　　　　王建[illegible]　張[illegible]晶

編輯部

主　編　趙旭俊

編　輯　曹　林　王　珂

出版前言

靈石置縣于隋文帝開皇十年（五九〇），縣域位于山西中部，呂梁、太嶽二山夾峙，汾河一水穿流，爲山西南北交通要衝。靈石自古人才輩出，歷史文化底蘊深厚，明清以降，在兩渡何氏、蘇溪耿氏等傳統氏族之外，又出現了以靈石王家、楊家爲代表的一批晋商世家。商業的繁榮與文化的興盛在靈石得到了完美的結合，「文化晋商」「晋商學人」成爲靈石在山西乃至全國獨樹一幟的文化名片。

靈石縣志之纂修可考的，起于明永樂、正統間，《文淵閣書目》卷二十「新志」著録，已散佚。明萬曆時靈石知縣白夏曾輯舊志，後知縣路一麟依白志重修，于萬曆二十九年（一六〇一）成書并刊行，記事亦止于是年。該志分爲：地理、建置、祠祀、食貨、官師、人物、仕進、祥異、貤封、文藝等十門。從該書卷端所鈐「汲古閣」「鐵琴銅劍樓」「國立北平圖書館收藏」等藏書印可知，此書原爲明末清初藏書大家毛晋、毛扆父子汲古閣的舊藏，後入藏常熟瞿氏鐵琴銅劍樓，于民國時期成爲國立北平圖書館的館藏。一九三一年抗戰爆發，爲保存文化「國本」，經南京國民政府與美國政府商定，國立北平圖書館所藏部分善本古籍輾轉遷往美國國會圖書館暫存，萬曆《靈石縣志》一書便在其中。

一九六四年，經臺灣『中央』圖書館申請，美國政府將這批善本古籍『歸還』臺灣當局，交由臺北『故宮博物院』收藏。

此次影印，以中國國家圖書館藏膠片爲底本，通過圖像還原等技術手段，數字製版，原樣影印出版，使這部海内外孤本再行于世。萬曆《靈石縣志》是現存最早的一部靈石縣志書，對後續靈石縣志的纂修影響極大，之後修的康熙《靈石縣志》體例全襲該志。

舊志整理影印是地方文化開發的一項重要工作，順應時代要求影印舊志，可讓寥若晨星、藏于深館高閣、不爲常人得見的靈石舊志化身千百，再傳後世，在爲廣大讀者開掘出一個全面瞭解靈石的史料淵藪的同時，開啓了跨省域、跨國界讓珍貴地方文獻『回家』的工作新模式。

影印本《（萬曆）靈石縣志》的出版，對搶救灵石縣歷史文獻，挖掘靈石文化遺産，弘揚靈石文化精神，有着重大的現實意義和深遠的歷史意義。值此影印本付梓之際，謹向支持靈石文化事業的領導、專家及社會同人，向藏書單位表示衷心的感謝！如有不妥之處，懇請指正。

編　者

二〇二〇年九月

靈石縣志序

夫邑之有志也〻者國之有史家之有乘也蓋攷古鏡今實式賴之顧久則變變則宜修有不容於仍舊者靈石舊有志延賴川白公所輯幾三十春秋矣歷年既多沿革數易剝落隸河東今隸冀南則更加纂修亦今日急務也不佞弗揣管窺爰予公餘取舊志嘗披閱之久之地理建置之故風俗人物之實頗涸於胸中遂刪其繁浩次其篇類間亦附以臆說凡十篇焉是志也不過因其所不可易更其所不可仍如易之所謂改邑不改井也若曰考核精詳約而該簡而不略輝煌治化以興起人文是任余弗能也則有後之閱覽

愽物者

萬曆辛丑陽月吉知靈石縣事柏人

路一麟撰

縣丞王誠一

典史梁相

訓導閻　教校

庠生楊大壯書

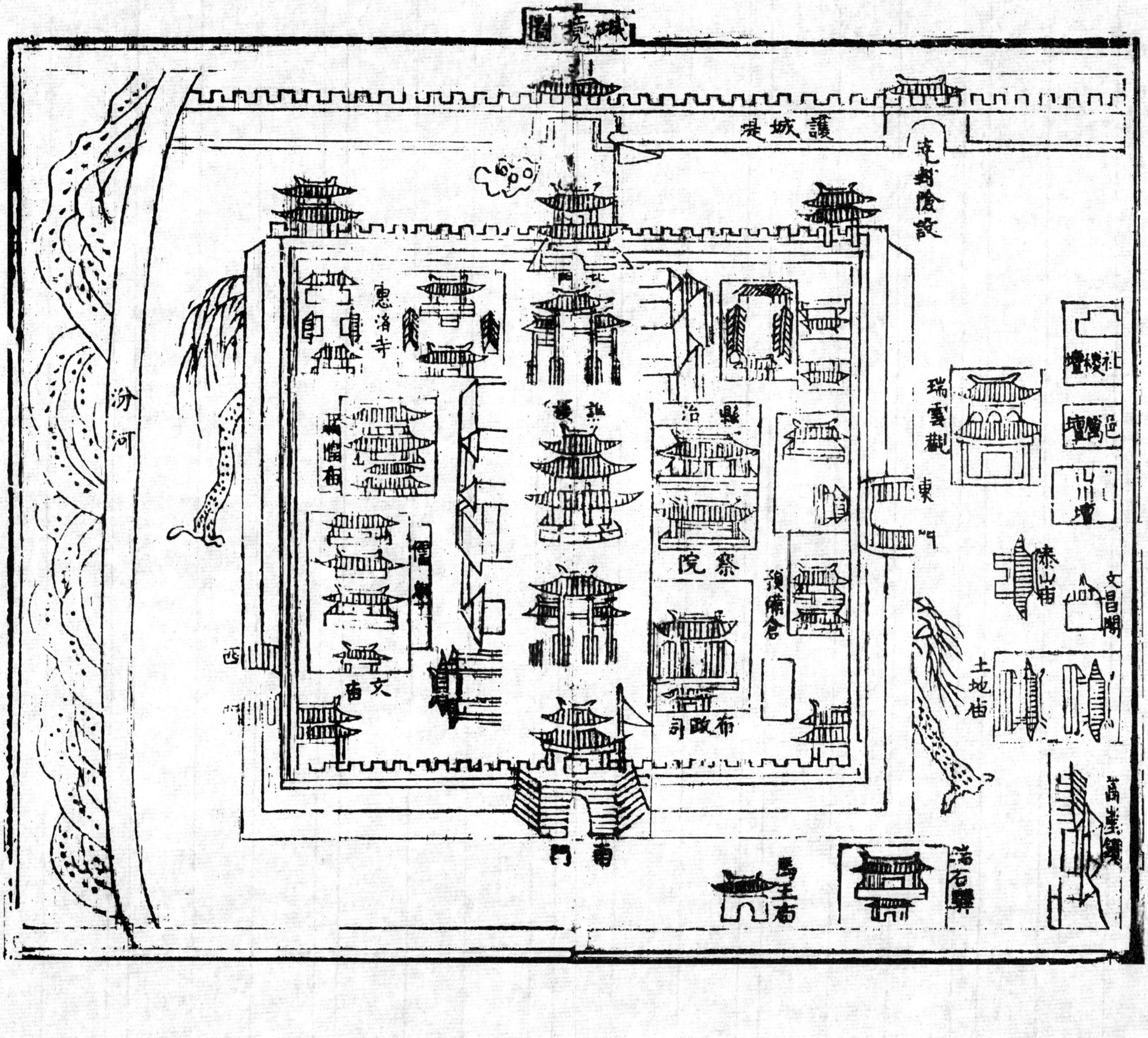

城境圖
護城堤
汾河
惠洛寺
瑞雲觀
社稷壇
邑厲壇
山川壇
東門
泰山廟
文昌閣
土地廟
縣治
察院
預備倉
布政司
儒學
文廟
西
南門
馬王廟

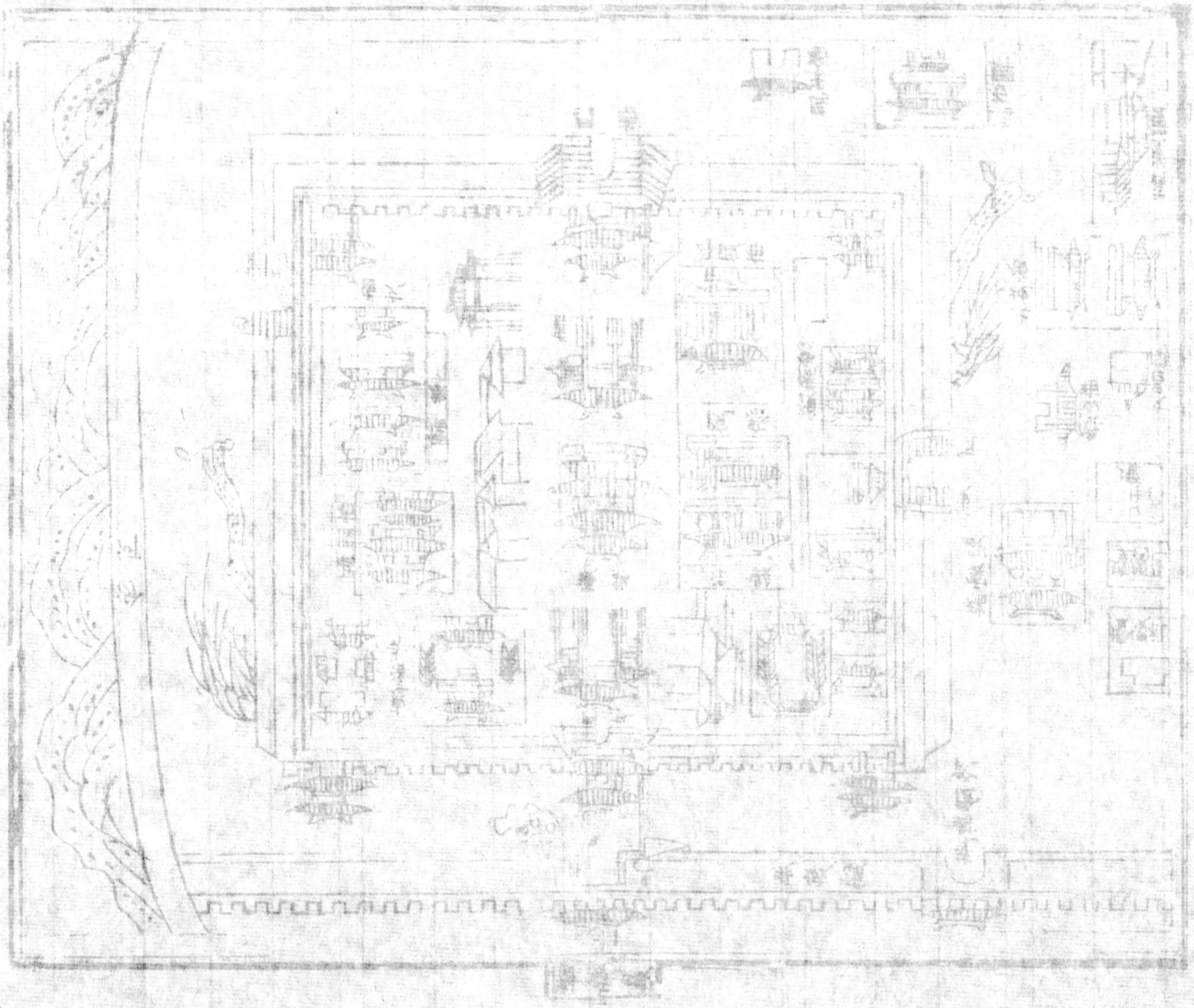

縣境圖

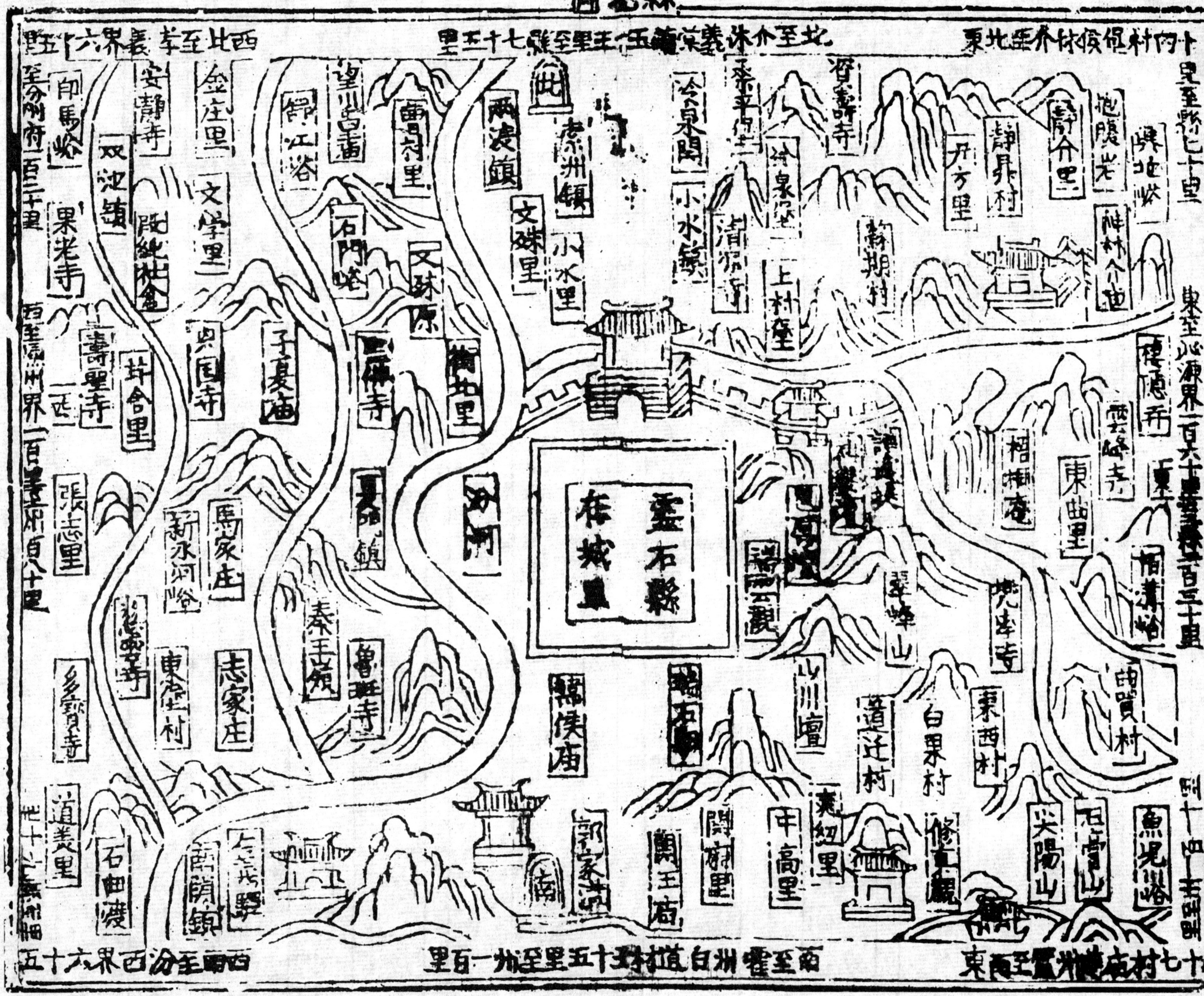

北
南
靈石縣
在城里
汾河
文殊里
小水里
小水鎮
冷泉關
資壽寺
靜昇村
丹方里
兩渡鎮
望川里
石門峪
文殊原
子夏廟
壽聖寺
文學里
金庄里
安靜寺
印馬峪
果老寺
張志里
多寶寺
道美里
石曲渡
志家庄
馬家庄
秦王嶺
魯班寺
夏門鎮
山川壇
中高里
道迁村
白果村
東西村
尖陽山
石膏山
魚兒峪
梧桐庵
東曲里
雲峰寺
翠峰山

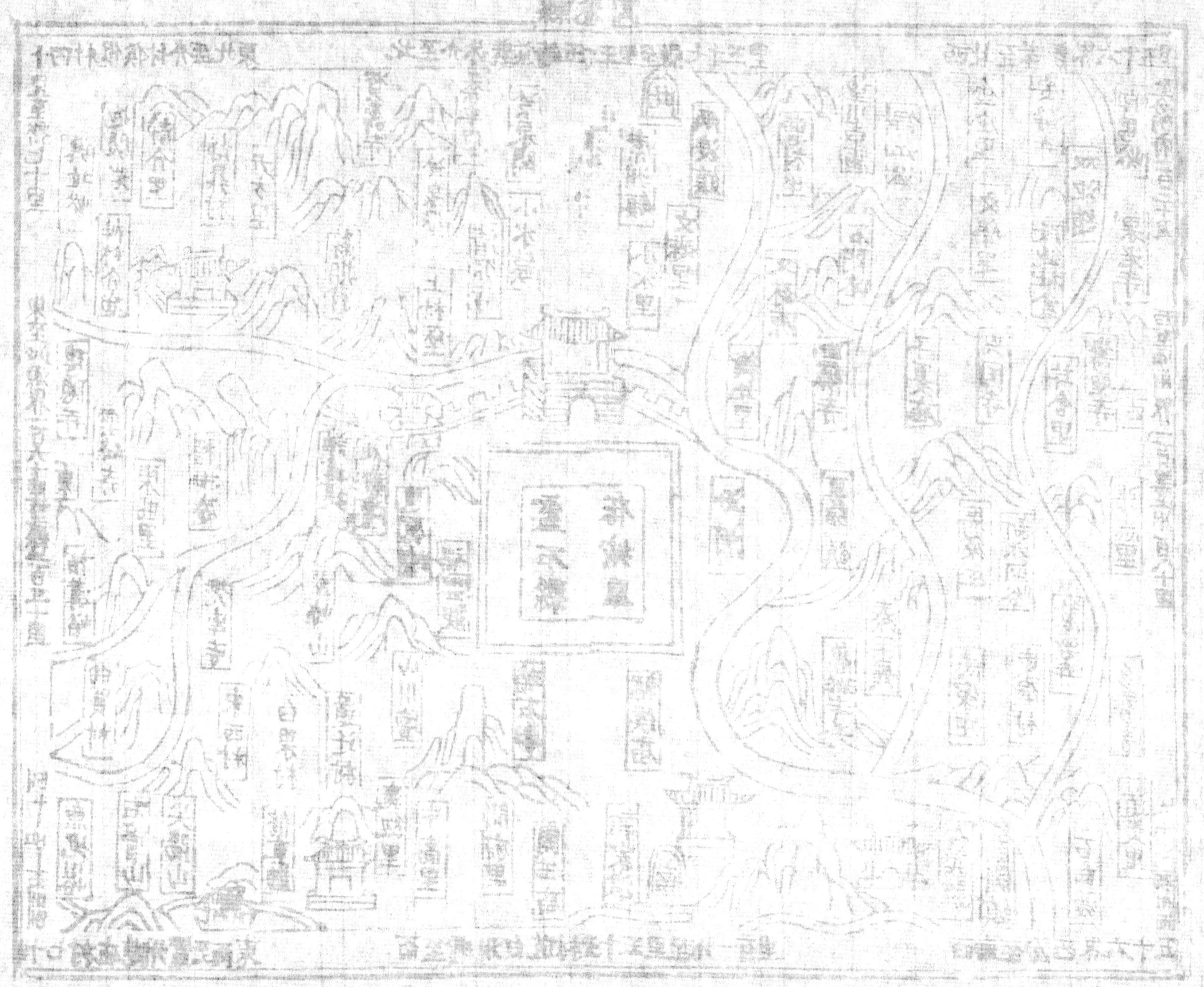

靈石縣志目録

靈石縣志目録

卷一

地理　建置

卷二

祠祀　食貨　官師

卷三

人物　仕進　祥異

卷四

烈女　文藝

靈石縣志卷之一

栢人路一麟應治父編次

地理第一

量地制邑聖王重之靈石雖彈丸區其山川城郭及風俗之屬在在足紀然胥地理所具也作地理第一

沿革舜肇十有二州以冀州地廣分為冀幽并三州靈石特赤有名在并州之域歷夏商周相因無改自晉文公追封介之推以綿上之田介休始得名乃晉大夫彌牟邑介靈石實其與地戰國屬魏趙至秦郡

縣天下遂為太原郡地兩漢俱如之曹魏屬西河郡晉屬西河國後魏置定陽郡改介休縣為平昌北齊置南朔州後周置介休郡靈石之民咸隸焉隋開皇十年文帝駕幸太原傍汾河開道獲一石有文曰大道永吉因以為瑞遂於其地建設縣治割介休西南地以益之仍屬汾州唐武德元年改屬介州乾元初復屬汾州隸河東道五代因之後為遼所有後歸於宋靖康後陷沒於金屬汾陽軍元改屬霍州隸平陽路大德後州路數易名而縣名無易

國朝仍舊為霍州轄縣并隸平陽府屬河東道總隸

山西布政使司編戶一十八里萬曆二十四年上臺陞白陞汾州為府遂改隸汾州府屬冀南道云

疆域袤一百一十里廣二百七十里至省三百六十里至京師一千四百五十里南北東西里界見縣境圖中

分野冀州之域實沈之次

形勝南有郭家溝之天險北有靈石口之嚴關表裏山河阨塞隩要

山川綿山在縣東三十五里以介之推隱此又名介山其山北跨介休東南連接沁源盤亘遼遠隨地異名中之形勢不可殫述蓋天下之名山也○馬頭山在縣東五十里山勢聳出如馬頭然天晴明平陽可望見○抱腹山在縣東四十五里即所謂抱腹岩連接介休地亦載彼志中○翠峰山在縣城東林木茂密四時蒼翠故名○尖陽山在縣東南七十里山極陡峻插入雲表每春融時積雪未消○石膏山與尖陽山相對多產石膏且佳故以為名其山有上中下三岩峰巒壁立谿壑幽深一登其上而瀟洒清奇若入異境靈石勝地無過此者○十八盤山在石膏山南山極陡險上下盤繞十八曲故名○孝文山在石膏山東十餘里相傳孝文帝寓此故名○牛鼻山在

縣東三十里○常家山在縣南二十五里○逍遥山在縣南五十里○姚家山在縣西北十里○禪房岩亦在綿山上○三清岩在縣東五十里介廟前○狗腰岩在石膏山東高峻不可登○栢槐岩在縣東五十里與抱腹山相連○欒空岩在縣東五十里與三清岩相連○馬跡岩在縣東三十五里石上有一馬跡宛然○法華岩在石膏山東山極高險○竹竿坂在縣南十里○箭竃峰在石膏山北○揺車纒亦在東山中上多樹木○梅風澗在東山中人不可登○文殊原在縣西二十里相傳文殊菩薩化現於此故

名○望川原在縣北七十里東西舖頭兩界相傳夏禹治水於此向北觀望立祠為望川神故名○王禹原在縣西南道美里相傳夏禹曾遊於此因立祠故名○碾子原在縣西廿舍里○棠政原在縣西張志里○馬家溝原在張志里與汾西縣地境相接○蘿蔔原在縣西雙白里○峪蜅嶺在縣西南五十里以狀類名即古賈胡堡相傳唐兵取霍邑駐此俗呼蛐子嶺○胡家嶺在縣東○大泉嶺在縣南八里有泉極廣大溉田三百餘畝

汾河在縣西出靜樂縣管涔山下流經縣境冷泉等

鎮直逼縣城之北接小水河環遶縣西後轉而東抵翠峰山下折而西南至滎河縣入於黃河○小水河在縣北門外源出綿山與地峪及栢溝曲買峪流經静介等里至縣流入汾河夏秋水暴漲洶湧迅急勢如建瓴縣處下流數被其患○仁義河在縣南四十里源出沁源縣經流石膏諸山之南過仁義鎮至南關鎮入汾○曲買峪河在縣東四十五里源出綿山栢槐岩諸溝之水流經軍寨曲買楊家原梧桐村與小水河合同入於汾○栢溝峪河在曲買峪東源出綿山諸澗水流張岫等村與小水河合同入汾○與

地峪河在栢溝峪北源出介休五龍纏溝螯水流經旌介等村與小水河合同入汾○石門峪河在縣西四十里源出汾州孝義舒江等山峪諸水會流經文學等里至夏門鎮入汾即所謂西河也○新水峪河在縣西南六十里源出隰州田龍邱馬峪而孝義栢枝峪諸水復自北來會之流經雙白等里至秦王嶺南入汾○魚兒川河在縣東一百四十里源出磨扇坪大石下水極迅急○銀洞溝河源出孝文山流入仁義河○礜河在縣東一百七十里源出雀兒山岩東流入沁河○石村溝河在縣南五里會東山之水

入汾○郭家溝河在韓侯嶺常家山之中各山水會流經曾班纏入汾○景家溝河在索洲鎮汾河西通孝義郭壁等村諸溝之水入汾○賀家溝河在曹村北通文學里諸溝之水入汾○桑平峪河在冷泉北十里居民千餘家山水湾遶異常○沙峪溝河在縣東四里水入小水河○水峪溝河在縣東十里水入小水河○懷來峪溝河在縣西十里水入汾河多產煤炭○石門溝河在仁義驛北水入仁義河○梆溝河在仁義驛東水入仁義河○羅兒溝河在仁義驛東水亦入仁義河○青石溝河在道前村水亦入仁

義河○冷泉在縣北四十里相傳今大雲寺中井是又云堡中泉是○野泉在縣南十里水極甘美○方泉在縣北七里多產煤炭○平泉在縣西北三十里水入景家溝

城池 靈石隋以前為介休地未建城郭創基自隋文始歷唐宋金修理莫可考元至正二十四年同僉朱貞因舊城築高二丈厚八尺洪武間知縣張先重脩正統間知縣張翼展濶北面三百餘步正德辛未為流寇所破知縣孫璇主簿郭清築加高厚各四之一建南北城樓四隅角樓庚辰山水暴漲東面俱圯署

印府照磨白繼宗補築如故嘉靖庚子知縣种奎重
修甲辰汾河溢西南面復圮於水知縣汪文炤李徵
相繼修葺隆慶己巳知縣申嘉言增高六尺再幇裏
城七尺上砌磚堞內樹女牆各門樓臺加整飭惟
有南北門萬曆元年知縣曹乾闢東西兩門三年山
水暴溢幾至壞城知縣白夏補築頹垣并砌城角石
堰易置四門吊橋仍建東西樓及南門甕城且以東
南近山受敵復建穿廊以防之城總計週圍三里一
百八步高三丈九尺城外重壕二道深廣各八尺門
四北曰承恩南曰正明東曰闢陞西曰樂泮敵樓四

南門重樓一窩鋪十叢甃小城磚壘經修整而名山大
川四面且環繞之屹然為重地矣

風俗其人至今溫恭克讓好謙而深和而不怒此堯之遺風也晉問○其民有先王遺教君子深思小人儉陋山堂考索○民性惇厚尚義禮有婚喪隣里相周而不吝郡志○人性質朴士習馴雅俗淳訟簡不事驕奢六禮多遵晦菴家禮屏絕浮屠然好敬事鬼神享祀報本雖費不吝蓋不免隨俗太過云舊志○靈石僻在萬山間財貨不通山田瘠薄其人勤苦其風朴野故他方多事賈而靈石惟力農他方士甚競趨捷徑

而靈石弟子員皆守章句不敢背師說以投時好仕宦尚氣節婚姻不計財賄蓋前輩皆然而今時少替焉

觀風録

堡寨

索洲堡在縣北二十里索洲鎮東山上○泠泉堡在縣北四十里泠泉關東山上○桑平堡在縣北五十里桑平峪村南山上內有一井淵源不竭○静昇堡在縣東二十里静昇村北山上此地通介休路極坦平往年虜易長驅今足以遏其衝云○仁義堡在縣南四十里仁義鎮北山上即劉武周脩築屯兵以拒唐兵之處四面斬削山崖壁立峭拔若天成者

極為完固○上村堡在縣東三里上村北山上○馬跡崖寨在縣東三十五里綿山上勢極陡峻其中岩穴窟洞足容數千人四面俱無路惟一石梯攀緣可登極高丈有一石門隊之雖萬夫莫敢仰視遠近人家聞有警皆奔趨以避虜患○送飯子寨在縣東三十里牛鼻山岩下高峻險阻不可上人多依之以避虜患○三清寨在縣東四十里綿山上四面俱懸崖陡澗險不可登上有一尖峰高過百餘丈厚數十尺若屏風然人謂之屏風石內有清泉可以避兵○曲罝峪寨在縣東四十里山亦陡峻其中亦有清泉土

人嘗避兵於此○禪房岩寨在綿山內四圍險阻中僅一路可通上有一石洞深入百尺風雨莫能加內一泉深止二三尺四時旱亦不涸潦亦不溢人以為神○桑平墩在桑平峪○冷泉墩在冷泉鎮○兩渡墩在兩渡鎮○索洲墩在索洲鎮○河洲墩在河洲鋪（五墩相連在縣北）○胡家嶺二墩在縣東山上○大泉嶺墩在竹箒鋪○高壁嶺墩在韓侯嶺上○常家山墩在郭家溝南山上○仁義墩在仁義鎮○逍遥墩在大會頭鋪（六墩相連在縣南）

關塞　冷泉關在縣北四十五里即古川口也關外迤北皆平原曠野而入關則左山右河中惟一線實南北咽喉之重地焉○郭家溝在縣南二十五里兩山高峙中界深溝嘉靖己酉平陽知府聶公豹築臺起樓於溝南題名天險并建官廳三楹及窯洞數十空以為防禦官軍止宿之所溝跨一木橋歲久圯敝萬曆二年知縣白夏易以磚石仍再建吊橋於橋址深塹以遏旁衝其舊建關王廟并擴而大之兵巡蔡公扁樓之南曰幽壑岑樓其北曰深溝固壘曰古霍咽喉而知縣白夏則扁其橋為天險云○陰地關在縣西南五十里即南關鎮唐宋以來雄關橫亘太宗取

霍邑曾駐兵於此今關廢遺址猶存俗稱南關者因冷泉在北故曰南以别之也舊志載仁義鎮爲陰地關者誤○磨兒溝在縣東北三十五里與介休相界○魚兒川在縣東一百二十里綿山之内與沁源相界路通霍州岳陽武鄉趙城諸處山川險惡林木茂密流寇七人據爲淵藪刼掠焚擄擾害居民萬曆四年當道議修壁壘并置巡檢司於内竟未果

古蹟

神林在縣東[illegible]十五里綿山之下晉介之推與母隱此文公縱火焚之不出同母抱樹而死其樹名黄蘆惟此山獨有大小俱半枯半榮後人即其地立廟祀之天旱禱雨多應宋神宗封爲潔惠侯金元相繼脩葺廟制宏麗林木茂密我　朝崇奉益謹近林人家清明節三日不敢舉火

西河在縣西四十里即今文學里西河底村子夏爲魏文侯師退居西河設教此其遊寓之地廟未詳建自何時歷宋元我　朝俱相繼脩葺然地野民愚群建淫祠溷雜其中而置子夏側室内大不妥稱萬曆三年知縣白夏重建前堂移正神位闢除門道使人不得混褻扁其額曰先賢卜子之祠

韓侯嶺在縣南二十里漢高帝遠征陳豨於代呂后

殺信未央仍遣人函首送帝值帝返兵此處遂葬其首於嶺上後人即其墓立廟祀之相傳塑像即其遺首云

繫空在縣東綿山之內四壁高峻中有平原相傳晋錮欒盈於此今其主祀於介廟中

魯班纏在縣西南四十里地極峻嶮上有寺相傳魯班所修故以為名寺後有石穴深幽邃暗人不敢入有大風自中出四時不息或以為風洞云

秦王嶺在縣西南三十里唐太宗取霍邑駐馬於此今馬蹄跡尚存

老生寨與秦王嶺相對蓋宋老生築以拒唐兵者近有賈胡堡唐兵攻霍邑為老生所遏兵不得進因神語從微道進遂破之而其神即霍山神也

仁義鎮唐太宗興仁義之師既取霍邑劉武周據高險以扼其後太宗復破之故名

瑞石在北門外高六七尺玲瓏嶢峭類太湖石狀相傳即隋文帝所獲之石今其文不復可辨識又傳留此以鎮城北之水患者

漁皷洞在雙白里溪靜村山峪相傳張果老漁皷所化人擊之聲如漁皷然故名

聖松樹在文殊原村高四丈餘相傳文殊菩薩坐現於此

李靖結義處即小水鎮初靖謁楊素於西京素侍婢紅拂妓來奔靖携之行旅寓靈石邸舍中與虬髯公相遇各言其志以義氣結為兄妹相與訂盟仍約同詣太原因劉文靜訪謁文皇虬髯公一見文皇志意沮喪遂與靖共入京師盡以寶貨泉貝贈之謂之曰李氏英主三五年內即當太平持予之贈以佐真主贊功業耳後十年東南數千里有異事乃吾得志時也别去靖據所有為豪家助文皇起兵貞觀十年虬

髯公果殺扶餘國王而自立舊有祠在西嶽廟內年深圮壞萬曆四年重修

佳景翠峰擁秀　在縣東門外石壁巉巖峰巒聳出林木叢茂蒼翠可觀曉霧暮煙卷舒變化一登其上而城野景物盡在目前且重山叠嶂四望無窮而梵宮琳宇徧滿山麓新建文昌閣於上愈為邑之大觀云

汾水環濟　河自西北來與縣北門外小水河合自城西流向東南三面旋遶如帶波濤洶湧傾瀉不窮水聲流澌響應山谷每月光蕩漾上下沉浮足稱一

方勝縈云
陰地微陽　古陰地關即今南關鎮其地縈亢晉中風氣苦寒縣介平陽太原中冷氣遠北清霜白草風景淒然至縣以南漸覺曨騰人情亦稍舒暢冬初霜降而此地獨無故云
冷泉伏脉　冷泉距鎮東一里許其下與汾河通水之盈涸視汾河為消長而清冽寒涼與他泉逈異故云
霍嶽堆雲　霍山北跨靈石山極高峻四時雲氣彌漫非極晴不能盡見雲交即為雨土人望之以為雨

徵故云
賸岩積雪　即抱賸岩高出雲表非攀躋不可得陟秋冬方微雨上已大雪數尺春融時猶未消望之若銀堆然故云
膏山活石　石膏山有白衣觀音坐化之處高入雲表上有石洞數處左為龍洞其水冬夏不盈涸寺僧塑像岩下石膏汁滴滿石岩埋沒其像再塑再埋凡三易其像并三大其殿宇云
介廟神花　廟中有牡丹數本枝幹碩大不知何時所種每開時花皆紅色惟白花一朵開無定處土人

俗識其枝明歲即易他木人以爲神不敢輕折焉
時花開四方觀者不遠數百里且彌月相續不絕云
水利萬金堤即北門外小水堤縣當東山諸水下流
始開縣治築以護城壘歲屢修大爲民害萬曆乙亥
知縣白夏加築堅厚易以今名蓋謂功成有如萬金
并惜民之勞費不啻萬金云
乾龍池在學西北隅因築城取土遂成深池堪輿家
以爲不便萬曆乙亥知縣白夏自學東引水環遶西
南流注於內而風氣乃完且西通城下暗渠再引汾
水聚滙是備[illegible]患士民便之

自濯池在舊樂園知縣白夏鑿其水去來不常清濁
時異乃即自取之義扁之因以自警云知縣路一麟
改園名和樂
城下三渠縣中舊無井乃於城垣下鑿三暗渠以防
他變一在東門一在北門俱導入小河之水一在西
門則汾水引使來焉公私寧舍汲水通流灘灘滌濯
取資爲便而淵涵不竭清冽更佳即有不虞可恃無
恐矣
小水北渠知縣路一麟新開長一十五里灌地三百
餘畝

[illegible]

丘墓晉介之推墓在縣東張萬村地名神林

漢韓信墓在縣南高壁嶺

宋名臣師範墓在縣東尹方村

金尚書馬璦墓在縣西文興里馬家莊

元元帥温舜墓在縣西文學里温家溝大灘學

進士喬世綱墓在縣東尹方村

國朝都憲吳琠墓在索洲鎮北路傍

知州裴泰墓在縣南五里路東

主事裴繼芳墓在縣南五里路東

上元縣知縣房輝玉墓在縣北索洲鎮南路東

建置第二

溯之非難守之為難官署學校及倉場渠坊之屬均建置事也補敝維新當兢兢云作建置第二

縣治在閘絃門內街北歷代修建莫考洪武初平兾寧路始開縣治十一年知縣張先修完正德六年流寇破城盡燬於火知縣孫璲縣丞石宗重創為建置嘉靖間知縣董大經申嘉言相繼修葺萬曆三年知縣白夏再加整飭中為親民堂左武庫題曰蓄威右銀庫題曰藏富堂之東為鹵簿廳西為幕廳堂下為甬道豎戒石覆以亭各曹舍序列東西取供房在東

曹之北獄舍在西曹之南亭前為儀門并左右角門再前為大門土地祠在儀門之外寅賓館又在土地祠之東親民堂後為退思堂右側為抄案房堂極後為知縣宅二十九年知縣路一麟復加修理宅東有尋樂園園中有看雲亭後為仰止堂園東有餐霞軒軒後為桃李精舍縣丞宅在退思堂之東典史宅在縣丞宅之南吏廨則照各宅之東南隅焉

儒學在樂泮門街北明倫堂在文廟後堂前有進德修業二齋堂北為敬一亭教諭訓導宅則前後聯列艮隅焉

靈石口巡檢司在城北四十五里冷泉鎮

瑞石驛在城南門外高崖頭鎮隋開皇間因獲瑞石先置驛於此

仁義驛在城南四十里仁義鎮

陰陽學在察院門街南　醫學在縣門街南

僧會司在城內惠濟寺　道會司在城東瑞雲觀

申明亭在縣大門東街北

譙樓在縣西大街中知縣孫璲建知縣路一麟重修

察院在正明門街東巷內正統間知縣李閶改晏公廟為之地勢低下萬曆乙亥知縣白夏重修

布政分司在城內東南隅知縣李闓建

按察分司在開絞門街南巷內知縣李闓建

冷泉察院在冷泉鎮萬曆二年知縣白夏創建

冷泉公館在南察院西街北萬曆四年知縣白夏建

仁義公館在仁義驛東

倉場　預備倉在東門內牆下正統間知縣李闓建

社倉五一在預備倉內一在仁義鎮一在冷泉鎮一

在蘇斯村一在段純村

草場在惠濟寺東

武備　演武場在小水河北岸嘉靖癸卯知縣种奎建

申嘉言重修

本縣庫貯軍火器械

盔二百九十二頂○磁蒺藜砲九百四十二箇木馬子一千六百箇○弩弓二張○藥箭五十枝塗箭毒藥一斤○火藥一千三百六十四斤又六石六斗七升○鉛子一百三十七斤又四萬六百五十箇○鐵子四十斤又大四千箇小二千箇○快鎗一千四百一十五杆○銅神鎗二十七杆○鈎頭砲一百一十八杆○三虎砲九杆○鐵砲三十四杆○佛朗機十九副○虎尾砲九十八杆○盞口砲二十二位○三

將軍五十六位○生鐵炸砲五百八十箇○黑鎗一百五十五杆○紅鎗五十杆○斬馬刀一百把○腰刀一百口○紅杆鉞斧一百把○黑杆鉞斧一百把○五色紬旗大小二十五面○熟鐵湧珠砲二十九位○連珠砲三十五位○火線三百根○不堪甲三百七十三領○不堪弓七十一張○不堪箭七十枝

鋪舍 總鋪在城內布政分司西側○竹竿鋪在城南十里○高壁鋪在城南二十里○常家山鋪在城南三十里○仁義鋪在城南四十里○大會頭鋪在城南五十里○接霍州界 河洲鋪在北十里○索洲鋪在城北二十里○兩渡鋪在城北三十里○冷泉鋪在城北四十五里○接介休縣界 道美鋪在城西南六十里 接汾西縣界

存恤 養濟院在城內東北隅

漏澤園在北門外東山下

橋梁 中流砥柱橋在縣北門外冬春石砌上覆以木夏初撤去○天險橋舊名忠濟橋任縣南二十五里郭家溝上嘉靖七年知縣稍騰漢建中空架以木梁歲久朽敝萬曆二年知縣白夏去木易磚仍於橋北傍路中疊成吊橋以防厲衝○仁義橋任仁義河上

冬春木石搭成夏秋亦撤去○永固橋在冷泉鎮下
弘治間知縣黃鑑建今廢設有船○雙池橋在縣西
雙池鎮○兩渡橋在曹村里○索洲渡橋在索洲鎮
西○船圪塔渡橋在小水鎮西北○夏門渡橋在夏
門鎮東○南關渡橋在南關鎮西○石曲渡橋在道
美里以上諸渡口俱汾河經流處冬春木石成橋夏秋撤去

市集在城三日十日○小水鎮五日八日○冷泉鎮
二日七日○仁義鎮一日六日○石門峪一日六日
上庄村五日十日○雙池鎮二日七日

牌坊儒林坊在學東巷知縣白夏建御史行臺坊在察院西巷

顯祐伯坊在城隍廟門外補天坊在南關媧皇廟前
潔惠侯坊在東鄉介廟門前源頭活水坊在縣治東園內
雲臺濟武坊在文昌閣前知縣路一麟建演武坊在演武場門外
迎恩坊在仁義驛門東駐節坊在仁義驛門西
冷泉候館坊在冷泉察院東巷口青雲聚彥坊知縣白夏為歷科舉人建
登雲坊在冷泉鎮為舉人張輝立亞魁坊在中街為舉人張洪立
都憲坊在南街為都御史吳琛立亞魁坊在南街為舉人裴泰立
逵鴻肇漸坊在北街為舉人溫淳立青紫接武坊在南街為舉人裴紹芳立
步蟾坊在冷泉鎮為舉人任守德立青霄得路坊在嵩崔頭為舉人蘭之芳立
蟾窟重光坊在中街為舉人溫臯立折桂坊在冷泉鎮為舉人周淳立

人
守坊（在今紀鎮為知府趙守德立）金榜傳芳坊（在南街為舉人裴繼芳立）
國華坊（在南街為舉人王璐立）亞魁坊（在索洲鎮為舉人易純玉立）
一鶚橫秋坊（在南街為舉人簡州溍立）尚義坊（在潢泉村為義民劉英立）
鷫鸘真節坊（在蘇期村為羅八協立）一門雙節坊（在南街為鄭氏周氏立）
貞烈坊四（在今泉鎮為曹氏陳氏諸氏白氏立）貞節坊（在冷泉鎮為李氏立）
里社
花城里（城內）關廂里（城南一里）小水里（城北一里）
尹方里（城東一里）靜介里（城東三十里）東曲里（城東南五十里）
中高里（城南三里）桃紀里（城西南三十里）道美里（城西南五十里）
張志里（城西五十里）廿舍里（城西四十里）雙白里（城西七十里）
金庄里（城西北六十里）文學里（城西北五十里）冷泉里（城西北四十五里）

曹村里（城北三十里）文殊里（城北二十里）衛北里（城西南十里）

馬政　本縣召募里甲馬頭一十五名每名一年領工食銀二十八兩存留馬三匹折銀八十四兩聽雇

兩驛馬騾原編八十頭每頭養馬一匹騾一頭共一百六十匹頭每頭一年領站櫂銀五十四兩除本縣給領外餘俱赴平陽府領

夫役　瑞石遞運所原編車輛牛隻夫役大為民害近奉例裁去兩驛召募民夫各六十名每名一年領站糧工食銀七兩二錢共各領銀五百四十兩二所廠遇正夫撥盡另顧餘夫亦赴平陽站銀內領

祠祀第三

禋祀之典治民人者恒先焉然神所鑒享將在誠矣作祠祀第三

文廟在樂泮門内街北元大德十一年知縣韓敦武建洪武十六年知縣李尚文重建廟廡景泰間知縣范寍修門鑿泮池引城西汾河水環流於内正德間燬於賊知縣孫璲重修萬曆三年山水入浸深五尺磚木多漂去知縣白夏鳩工修理正殿而下俱撤而新之中為先師廟左右為兩廡前為戟門門外為泮

池上架三橋再前則櫺星門東舊門址上起青雲樓建文昌魁星祠仍空其下以便出入宮牆祭器則錫爵盞五十二木豆四十錫燭臺四錫酒尊二黄絹幕一又元知縣冉大年建一於靜昇村

啓聖祠 文廟西圍内

社稷壇 風雲雷雨壇 俱在東門外

城隍廟 在城十字街西 八蜡廟 在小水鎮南門外東

玉帝廟 北王中村一 道美村一 温家溝一

三義廟 北門楼一 禹王廟 舖頭村一 王禹村一

玄帝廟 下寨村一 索洲嶺一 雙池南楼一 程家庄一

關王廟南門瓮城一郭家溝一南伯村一碾則塢一冷泉鎮一小水鎮北門外一張村一
二郎關王廟高崖鎮一　鄧侯祠在儀門外
三教廟文殊原一蘇期村一堂治村一東西村一
子夏廟石門峪村一　韓侯廟高壁鎮一
文昌閣東門外翠峰山上知縣路一麟新建
潔惠侯廟神林一張嵩村一魚兒川一南門樓一水峪村一交口村一姚家山村一
老君真武廟仁義鎮一　三清觀靜介里一
三官玄帝廟小水鎮南樓一　河神廟冷泉鎮一張家庄一
東嶽廟文殊原一　西嶽廟小水鎮一
北嶽廟平家圪塔村一　李衛公廟在西嶽廟內

三官廟南頭村一索洲鎮一　觀音廟索洲鎮一城南一曲村一
龍母廟金庄村一　金水龍王廟城北堤一
龍王廟西河村一尹方村一上庄村一澇河村
媧皇聖母廟南關鎮一　蠶宮聖母廟伏家堝一
土地廟縣治一兩渡村一　名宦祠在戟門外東
鄉賢祠在戟門外西　邑厲壇在北門外
寺觀惠濟寺在城內北關　清涼寺在小水鎮東山上
資壽寺在東鄉蘇期村　招隱寺在張嶺村　雲峰寺在楊家塢村
保安寺在石壹山　兜率寺在東曲里東村　天聖寺在冷泉鎮汾河西
大雲寺在冷泉鎮　興國寺在馬家庄　安靜寺在金庄村

栢山寺在東羅村 壽聖寺在張志村 多寶寺在椒峪村

慈雲寺在王禹村 聖佛寺在第溝村 聖壽寺在田家山張米芾遊此

石佛寺在泰王嶺 惠安寺在魯班纏 川寶寺在許家店

瑞雲觀在城外 修眞觀在東曲里西村 泰山行宮在東門外

梧桐菴在梧桐村 含玄觀在温家庄 三清岩在東曲里三清寨

食貨第四

土不計沃瘠食貨所必資焉然天府錙銖問閭鉅萬省約之道宜講也作食貨第四

戶口萬曆二十九年八千五十三口二萬五百五十七

田萬曆九年清丈過并今查出小畝四千三百九十五頃四十三畝七分二釐

賦夏糧本色該一百八石二斗八升四合三勺折銀八十兩四錢三分七釐五毫六絲五忽四微

秋糧本色該一萬二千八百一十一石九斗六升二合七勺七抄折銀一萬三千七十四兩三錢七分八釐五毫五絲一忽二微

站糧該銀九百九十五兩三錢七分九釐三毫

課程鈔額徵銀一百二兩六錢四分七釐二毫五絲

綱銀三百五兩一錢三分

[illegible][illegible]千三百七株共徵銀三十六兩七錢八分七釐
四毫六絲二忽五微
棗一千二百六十八株共徵銀六十九兩一錢六釐
水磨四十七盤共銀一十六兩四錢五分
舊磁炭窰二十八座每座二錢四分六釐八毫共銀
六兩九錢一分四毫
新磁炭窰三十一座每座徵銀五錢共銀十五兩五錢
鉄爐五十八座共銀二十兩三錢
酒課額該銀二十八兩八錢有閏加作銀三十一兩
二錢

門灘商稅裁革多年
丁賦戶口食鹽鈔額六千八百四十七錠一貫每一
千貫折銀三兩共銀一百二兩七錢八釐遇閏加增
屯田太原左衛軍永樂間屯本縣絕戶田地分為金
庄尹安二屯共地四十六頃七畝該徵米一百七十
五石折銀八十七兩五錢餘大盈倉地畝四至見儀
門外碑碣
學西汾灘水平地共一頃九十一畝一分九釐該糧
十石八斗三升九合九勺八抄
河田本縣汾河之賓往年水溢難以耕種邇來多旱

至秋水徜河涯堪種麥旧一麟山中請上臺令民開墾
有孟呈秀等開成中地一頃三十畝蔺鄭福等開成
下地四頃八十畝其中地每畝納價銀五銭六分每
年麥租八升折銀六分下地價銀二銭每年麥租三
升四合折銀二分六釐自三十年始其銀俱貯庫糴穀
銀差額辦鮮京羊價銀一十二兩○藥味銀一兩三
銭五分○柴夫并路費銀四百七十二兩七銭五分
○木柴銀一十三兩一銭三分二釐五毫○鹿皮銀
四兩八銭○黒鉛等料銀二十七兩二銭九分四釐
三毫○鮮都水司料銀一百四十七兩三銭四分三

釐○鮮戶禮二部料銀三十五兩一銭三分九釐○
鮮京各色人匠二十九名每名鮮銀四銭五分該銀
一十三兩五分○鮮布政司胖襖銀八十四兩七銭
五分○鮮布政司舉人坊牌銀七兩○鮮布政司曆
日紙價銀七兩一銭五分○鮮府各色人匠六名每
名銀四銭七分共二兩八銭二分○義兵工食銀一
百一十兩○民壯工食銀三百四十二兩○鮮府黄
絲銀一十八兩八銭四分八釐遇閏加作二十四兩
八銭七釐七毫○鮮布政司塩鈔連閏銀一百四十
四兩九銭三分五釐六毫八絲○文廟啓聖祠二祭

[illegible]

五十兩○社稷山川二祭二十兩○邑厲壇三祭一十五兩○儒學齋夫四十八兩遇閏加四兩○儒學膳夫二十兩遇閏加二兩○鄉飲二次一十五兩○歲貢盤纏銀二十兩○本縣各官柴薪八十四兩遇閏加七兩○本縣各官馬夫　百二十兩○孤老花布一十兩○瑞仁二驛廚造等夫二十八名各銀一百二十七兩八錢○甲皂三十名銀二百一十六兩○馬快手二名銀四十兩○步快手六名銀五十四兩○本縣皂隸二十五名銀一百八十兩○察院本縣儒學門子十五名銀七十五兩六錢○儒學掃殿

夫一名銀六兩

力差預備倉老人一名工食七兩二錢○斗給二名工食一十四兩四錢○社倉老人五名各除本身中上門則○看監禁子四名工食四十兩○南北十鋪司兵四十二名工食二百五十二兩○靈石口巡檢司弓兵二十名工食一百四十四兩○鮮夫十五名工食銀一百八兩○燈夫十名工食并油燭銀六十兩○轎夫四名工食銀三十六兩

物產穀有黍稷麥穀大小麥蕎麥蔔秫芝麻鷹麥莞豆菉豆小豆黃豆黑豆之屬木有松栢槐椿桑柘楡

椰檀楸梧桐之屬花有芍藥山丹菊萱粉團石竹月季紅葵木槿玉簪金盞鷄冠鳳仙之屬菓有桃杏棗李榛梨核桃葡萄石榴無花果沙果之屬菜有葱韭薤蒜芥茄瓠蕨萵苣莙薘馬齒香椿羊肚黃花木耳芫荽蘿蔔之屬瓜有絲瓜王瓜西瓜冬瓜南瓜甜瓜之屬藥有枸杞石膏防風荊芥大黃蒼朮益母茸草之屬貨則煤炭鐵硝取之不窮餘亦足用鳥獸惟所恒畜外有沙雞石雞狼鹿黃鼠之屬然亦非靈石所獨也

官師第五

封畧之內非官疇守教育之責非師疇膺倘宜蹟之卓異儼然型范具焉作官師第五

知縣　遼為令宋為尉元為知縣亦為達魯花赤國朝為知縣

遼

鮮九思　咸平五年任

宋

田陳古　熙寧二年任

楊就　熙寧三年任

元

阿思蘭　至元元年任

董煥　至元六年任

程祐　至元十八年任

程福　至元二十四年任

韓敦武　大德九年任秉心正直持身廉介一時頌聲有愛民勤政之謡祀名宦

史文　延祐元年任

蒙古德溫　泰定元年任

冉大年　黃平人至順三年任勤於政事案無留牘曾建孔子廟然靜界[illegible]

劉仲濟 至正元年任
楊文選 郯縣人至正十七年任廉惠存心嚴明蒞事尤善用兵祀名宦
晏源 至正二十二年任 紐憐真 以下達魯花赤
蠻子
國朝朱賡 洪武七年任 張先 洪武十一年任恤民愛士時當草創百廢具興
李尚文 山東濟南人洪武十六年任 馬進 直隸獲鹿人貢士宣德九年任
文盛 正統三年任 李閏 正統五年任
張翼 正統七年任興學造士曾展濶城北一面云 張 正統十四年任
范寧 山東即墨人景泰七年任公廉勤慎始終如一築堤小水南岸以捍城水不為患
王珏 天順五年任 李瑛 成化二年任

張騰 順天涿州人成化工年任 王雄 成化十一年任
梁瓚 陝西長安人成化十九年任 楊懋 成化二十三年任
劉當 直隸鹽山人舉人弘治十七年任 閻誼 陝西鄜州人舉人弘治十二年任
黃鑑 弘治十七年任 程倫 正德元年任
宋愷 直隸廣平人正德三年任 韓德 河南新蔡人監生正德三年任
孫璲 陝西韓城人舉人正德七年任精明嚴毅綜理周密當流寇殘破後悉心經畫百廢具興
楊龍 直隸易州人舉人正德十年任 陳元 直隸延慶衛人監生正德十四年任
劉頫 山東壽光人監生正德十五年任 吳深 山東寧陽人監生嘉靖元年任
稍騰漢 陝西安定人監生嘉靖四年任 王敏 龍門衛人監生嘉靖九年任
劉應祥 直隸開州人舉人嘉靖十三年任

种奎 陝西階州人監生嘉靖十七年任精明仁凡事一以安靜行之祀名宦

汪文炤 山東膠州人監生嘉靖二十三年任

吳府 青州衛人舉人嘉靖二十六年任

李徵 陝西寧夏人舉人嘉靖二十七年任

趙炳 直隸曲陽人監生嘉靖三十三年任

曾汝兼 四川富順人舉人嘉靖二十四年任

董大經 陝西臨潼人舉人嘉靖三十五年任

王植 陝西安定人舉人惠愛修學宮以興士類祀名宦三十八年任卿較蒞

蔡鍾靈 江西瑞昌人監生嘉靖三十九年任

謝秉昌 山東招遠人監生嘉靖四十一年任

陳嘉謨 陝西伏羌人舉人嘉靖四十三年任

申嘉言 陝西安化人舉人嘉靖四十四年任

曹乾 萬全都司保安衛人自畢留母老親致仕

監生隆慶五年任苦節

白夏 河南潁川衛人萬曆二年任曾修縣志

林蘊 河南懷城人恩貢萬曆七年任

周守正 順天豐潤人恩貢萬曆九年任

萬嘉會 河南太康人恩貢萬曆十三年任

何錦 直隸安州人選貢萬曆二十年任

趙民容 巴縣人舉人萬曆二十四年任

袁應春 陝西鳳翔縣人舉人萬曆二十四年任調繁

路一麟 直隸栢鄉人進士萬曆二十七年任

縣丞

遼 王蘭 咸平五年任

元 哈答安 至元元年任

劉歆祖 至大一年任

捏直 至大五年任

王蒙古不花 延祐元年任

湛知擧事 泰定三年任

鄧德明 至正二十二年任

國朝錢仲箎洪武八年任　王立道十八年任
宗道　黃德俱宣德間任
劉文政正統三年任　李秀八年任
張意天順二年任　劉安夏邑人五年任
張約成化三年任　晉壽六年任
石磐十一年任　李政封丘人弘治元年任
楊泰臨潼人八年任　劉芳九年任
石宗璽陝西咸寧人十四年任勤敏有為　袁經正德元年任
申惠霸州人六年任　何士昂乾州人十一年任
趙寧濱州人監生十二年任　謝復賢涇陽人監生嘉靖三年任

張永清萊蕪人監生六年任賦性方嚴制行清慎卒於官祀名宦
平實寧夏人監生十一年任　潘應謨麻城人吏員十一年任
吳鉉韓城人監生十四年任　盧景和平原人吏員十七年任
王輅邢臺人吏員十九年任　張萬里咸陽人監生二十三年任
曹夢庚嘉祥人監生二十六年任　許邦麒定陶人監生二十七年任
党虞臣同官人監生三十二年任　張守正韓城人選貢三十三年任
張守聘內黃人監生三十六年任　曹鎧萬泉都司人監生三十九年任
蔣松鄞縣人吏員四十一年任　趙椿江都人吏員四十五年任
邢尚忠東光人監生隆慶元年任　黃甲河南武安人監生三年任
倪元夫海鹽人監生六年任　劉士恒青城人監生萬曆二年任

李朱 [illegible]苗山人二十[illegible]年任　李來 二十二年任
王寶 四年任　李梅洽 十一年任
宋崇 天[illegible]二年任　成謙 [illegible]二年任
陳克昭 正統三年任　王簡 [illegible]年任
何仲深 十八年任　王制 [illegible]年任
劉朝王彥禎 [illegible]八年任　高啟推 十五年任
王伯顏 二十四年任
李衍 十五年任　宋元璧 二十二年任
郭汝礪 [illegible]二年任　張忽 至正元年任
元鎮 [illegible]二年任　蒲察一里 二年任

元秦[illegible] [illegible]年任　趙[illegible] 至[illegible]年任
王[illegible]王[illegible] [illegible]五年任

李[illegible] [illegible]　王[illegible] [illegible]
劉金[illegible] [illegible]　[illegible] [illegible]
高[illegible] [illegible]　[illegible] [illegible]
張萬[illegible] [illegible]　張[illegible] [illegible]
張萬林 [illegible]　[illegible] [illegible]

王來 華州人弘治七年任　董延齡 延安府人正德六年任
丘珉 三年任　郭清 潁州人吏員七年任
紀經 晉州人監生十四年任　郭綸 扶風人監生嘉靖六年任
魏瓚 武強人知印十五年任　劉潤 滄州人監生十七年任
高林 鄒平人吏員二十年任　王應招 灤州人監生二十三年任
苗廷用 靈壽人吏員三十年任　朱和 文縣人監生三十五年任
齊魯 廣寧衛人監生三十八年任　白性質 寧州人知印四十一年任
劉師皐 遼陽衛人監生四十二年任
典史元秦懋 至元元年任　李旺 至治五年任
王禮 至正二年任　劉郁 至正二十四年任

國朝甯希俞 洪武八年任　黄杰 宣德九年任
甯福 正統三年任　邊寧 九年任
雷遜 天順二年任　魏玘 成化十一年任
張[redacted] 十四年任　甄榮 十九年任
王珎 弘治六年任　林善 九年任
啇銘 臨潼人十二年任　孫雄 濟陽人正德元年任
郭義 直隸延慶州人六年任　郜璋 河内人十六年任
劉暹 陽信人嘉靖六年任　高遷 商州人十一年任
趙噚 平原人十七年任　周濟深 直隸[illegible]平人二十三年任
王琦 清苑人二十七年任　魏崇仁 咸陽人三十二年任

齊騰霄河間縣人三十五年任　宋仁[illegible]縣人三十九年任

王克勤河間縣人四十一年任　姚廷翰伏羌人四十四年任

滕崇紺浙江太平人隆慶二年任　劉惟和[illegible]州人五年任

方正[illegible]人萬曆二年任　[illegible]儒華州人六年任

閻朴定興人九年任　傅進良[illegible]人十五年任

姜守業蓬萊人十[illegible]年任　張東齊[illegible]城人二十年任

李永春[illegible]縣人二十二年任　張守約[illegible]人二十三年任

王懋德[illegible]泉人二十五年任　[illegible]相陝西興平人二十八年任

戴諭元[illegible]人[illegible]元年任　裴啟同二十二年任

國朝馬[illegible]遵化人[illegible]九年任[illegible]不苛尤善訓士

田畯正統元年任　[illegible]人正統八年任　侯復天順二年任

馮琛天順五年任

黃綱[illegible]陽人成化七年任學問淵源器宇弘[illegible]每事以禮自持諸生[illegible]忘倦丁艱去

楊通成化十一年任　蘇林東阿人弘治十一年任　劉釗正德三年任

曹郁[illegible]人正德八年任　郭諄[illegible]人正德十六年任　陳謨嘉靖四年任

王瀛六年任　楊宗澤[illegible]州人九年任　李允海豐人十二年任

王倫[illegible]河人十九年任　石仲[illegible]人二十八年任　張文學[illegible]州人二十二年任　正十

袁旻 涼明人三六年任　師莘 乾州人三十九年任　閻尚賢 鹿邑人四十二年任

李友德 韓城人四十四年任　李堯民 平山人隆慶一年任　李岳 安定人六年任

桑桐 榆次人萬曆三年任　陳宗相 山西山陰人八年任　黃簡 陝西咸寧人舉人十一年任

胡廷章 襄陽人十六年任　楊世亨 平涼縣人十九年任　曹良器 溧陽人二十三年任

訓導元葉綸 至正元年任

國朝王友文 洪武十八年任　王士升 二十年任

蘇貞 天順五年任　段誠 成化四年任　馬順 十年任

卷二　十四

楊驛 長壽人弘治七年任　姚鵬 豐都人八年任　丁玘 同始人十八年任

梁寧尚 正德元年任　吳文舉 三年任　吳洪 七年任

張紀 高唐人八年任　閻廷威 豐都人十年任　閻世安 豐都人十四年任

郭璠 雄縣人十五年任　吳厚 河間人嘉靖五年任　張行可 新鄉人七年任

毛慶 青縣人十四年任　于天錫 靜海人十六年任　郭瀛 武強人十九年任

趙鉞 寧夏人二十四年任　馬人慈 廣平人二十七年任　王得衆 朝邑人三十年任

張嵩 中部人三十一年任　王琥 翰林人三十四年任　邢梯雲 新蔡人三十九年任

張時和 陳州人四十二年任　匡直 洛陽人四十五年任　李高科 米脂人隆慶三年任

李向陽 華州人萬曆二年任　張惟韜 翼城人七年任　李清來 綸社人十年任

蔣繼奕 大同人十六年任　任國知 乾州人十一年任　閻教 [illegible]人二十一[illegible]

巡檢藺貞正統元年任　武璘二年任　王晟六年任
胡全天順五年任　靳福成化四年任　秦明廣平縣人正德十一年任
張鳳陝州人十四年任　劉智安肅人嘉靖十九年任　劉官三原人二十八年任
徐天恩任丘人三十一年任　陳韵言任平人三十七年任　趙文淵聊城人隆慶六年任
魏九疇耶鄲人萬曆二年任　張宗禹藥縣人三年任　劉汝學興平人四年任
李仲陽定興人五年任　荆時盛華陰人八年任　申正青州人十五年任
馮森任丘人十八年任　李濟涉澤人二十年任　劉進道德州衛人二十四年任
趙希朱涇陽人二十七年任　張保武功人二十九年任

瑞石所大使裁革　許成洪武十八年任　王演正統三年任
劉濬天順三年任　李煥成化四年任　劉尚賢正德元年任
劉敔十年任　穆雄洧川人十二年任　商玘盧龍人嘉靖元年任
程學固安人十二年任　石官谷城人十九年任　賈果蒲台人十九年任
趙祿南樂人二十四年任　何輅乾州人二十九年任　鄭潤洛陽人三十二年任
關位涿州人四十四年任　劉桐[illegible]光人隆慶元年任　秦滿濬縣人四年任
劉完固安人萬曆元年任　于萬盃[illegible]平人三年任

瑞石驛丞李瓊洪武元年任　焦賡七年任
杜讓十八年任　唐庸正統三年任　程坰天順二年任
王默五年任　劉劍成化四年任　張誎正德元年任
李經肥鄉人九年任　胡自明嘉靖三年任　王宗道確山人十八年任
胡珂二十一年任　譚鮮山東人二十六年任　郭用滿城人二十八年任
許廷璉貴皇人三十年任　邵廸祥雲南人三十二年任　劉寵盧龍人隆慶六年任
張栢靜河人萬曆二年任　郝復禮平山人十四年任　田堯年灤州人十一年任
李春光霸州人十四年任　高宗舜寶庸人十六年任　丁得用歷城人二十年任
宋爵春陵人二十二年任　鄭文觀咸陽人二十五年任　顧思賢二十九年任

仁義驛丞元李元忠泰定六年任
國朝李知微洪武元年任　張國用十八年任
臧守廉正德十一年任　郭經扶風人嘉靖二年任　楊祿鄆城人五年任
梁英華州人七年任　王爵舞陽人九年任　韓邦續滿城人十一年任
胡來貢井泉人十三年任　王贈趙州人十七年任　張鎣東鄢陵人二十年任
曲用慶都人二十三年任　尹中梁豐縣人二十四年任　侯應聘洛川人二十六年任
安靜耀州人二十七年任　朱榮澤州人二十九年任　危宗美開縣人三十二年任
黃仕松徐州人三十四年任　楊時學安肅人三十六年任　田興均思南人三十八年任
李鸞麻城人三十九年任　張良節河間縣人四十一年任　邢健陝西咸寧人四十二年任

李九德（宣德元年任） 楊廷訓（安寧州人□□任） 李 鏃（洛川人六年任）

王 憲（安東人□□□任） 申永清（□□縣人二□年任） 張溥芳（遵化人四年任）

楊 叅（□安人六年任） 王汝楫（□□人□二年任） 王 梓（□陽人十四年任）

張從義（□□人十六年任） 劉 曦（□安人□七年任） 傅德化（□周人十九年任）

孟時慶（□□人二十四年任） 王希賢（□州人二十七年任） 王 [illegible]（□陽人二十九年任）

陰陽學訓術李文智（洪武□年任） 曹 榮（成化四年任）

曹 直（□□任） 曹 宏（十□年任） 梁廷瑞（嘉靖十八年任 俱本縣人）

醫學訓科趙奉祖（洪武元年任） 張繼賢（十八年任）

張 英（成化四年任） 吳 [illegible]（[illegible]人）

卷二終